JEAN-BAPTISTE BORGEAIS

Le petit recueil de citations

Premier volume

Puisse ce petit voyage au cœur de ce recueil de citations vous inspirer les pensées les plus profondes et les réflexions les plus enrichissantes.

Bonne lecture.

Sommaire

Avant-propos

Ce recueil a été articulé autour de plusieurs thèmes choisis avec soin.

La sélection de ces différentes citations, qui ont été recueillies parmi un très grand nombre d'oeuvres, essaiera de proposer un échantillon varié offrant plusieurs perspectives au lecteur et ainsi susciter une réflexion éclairée et enrichissante.

Sur l'Amour et la passion

L'amour est un de ces maux qu'on
ne peut cacher : un mot, un regard,
le silence même le découvre.

Pierre Corneille

Aimer, ce n'est pas se regarder l'un
l'autre, c'est regarder ensemble
dans la même direction.

Antoine de Saint-Exupéry

La présence fait naître un
amoureux effet, l'absence le
renforce et le fait plus parfait.

Jean-François Collin d'Harleville

Aimer par le cœur, c'est avoir
d'avance tout pardonné à ce qu'on
aime.

Alfred de Musset

L'amour, c'est lorsque le bonheur
de l'autre est plus important que le
sien.

H. Jackson Brown Jr.

La passion est le feu de l'amour, la
tendresse en est la chaleur.

Ninon de Lenclos

La passion fait de nous un
instrument joué par l'amour.

François Mauriac

L'amour est une passion qui
s'arrête parfois de penser.

Jules Renard

L'Amour c'est l'inconditionnel sans
la soumission.

Anita Paghjellu

Je voudrais te donner tout ce que
tu n'as jamais eu, et même ainsi tu
ne saurais jamais à quel point il est
merveilleux de t'aimer.

Frida Kahlo

Il n'y a rien de plus précieux en ce
monde que le sentiment d'exister
pour quelqu'un.

Victor Hugo

L'amour est une force sauvage.
Quand nous essayons de le
contrôler, il nous détruit. Quand
nous essayons de l'emprisonner, il
nous rend esclaves.

Anonyme

L'amour est la poésie des sens.

Honoré de Balzac

L'amour est l'emblème de l'éternité :
il confond toute la notion de temps,
efface toute la mémoire d'un
commencement, toute la crainte
d'une fin.

Madame de Staël

L'amour est plus fort que toutes les
raisons.

Platon

L'amour est la fusion de deux âmes
en une seule : c'est une sympathie
qui réunit tellement deux cœurs
que l'un n'a pas un sentiment qui
ne soit partagé par l'autre.

George Sand

L'amour est la sagesse des fous et
la folie des sages.

Samuel Johnson

L'amour est un égoïsme à deux.

Madame de Staël

Le cœur a ses raisons que la raison
ne connaît point.

Blaise Pascal

L'amour est la seule passion qui se
paie d'une monnaie qu'elle fabrique
elle-même.

Stendhal

Entre deux cœurs qui s'aiment, nul
besoin de paroles.

Marceline Desbordes-Valmore

L'une des plus belles choses de
l'amour, c'est de reconnaître le
bruit des pas d'un homme dans
l'escalier.

Colette

Le plus grand bonheur de la vie,
c'est la conviction que nous
sommes aimés.

Victor Hugo

L'amour durable est celui qui tient
toujours les forces de deux êtres en
équilibre.

Boris Cyrulnik

L'amour est un feu qui s'éteint s'il
ne s'augmente.

Pierre de Ronsard

L'amour est comme le vent, on ne peut pas le voir mais on peut le sentir.

Nicholas Sparks

L'amour, c'est être stupide
ensemble.

Paul Valéry

Aimer, c'est préférer un autre à
soi-même.

Paul Léautaud

L'amour fait les plus grandes
douceurs et les plus sensibles
infortunes de la vie.

Madeleine de Scudéry

Sur le travail et la réussite

Allez comprendre : le travail anoblit l'homme, mais le rend esclave !

Pierre Doris

C'est par le travail que la femme a
en grande partie franchi la
distance qui la séparait du mâle ;
c'est le travail qui peut seul lui
garantir une liberté concrète.

Simone de Beauvoir

Le domaine de la liberté commence
là où s'arrête le travail déterminé
par la nécessité.

Karl Marx

Le travail est une des conditions de
la dignité humaine, de la possibilité
pour l'homme de conquérir sa
liberté.

Abbé Pierre

Le travail ne peut être une loi sans
être un droit.

Victor Hugo

Le travail éloigne de nous trois
grands maux : l'ennui, le vice et le
besoin.

Voltaire

La vie n'est pas le travail :
travailler sans cesse rend fou.

Charles de Gaulle

Le travail, c'est le refuge des gens
qui n'ont rien de mieux à faire.

Oscar Wilde

Le travail est indispensable au
bonheur de l'homme ; il l'élève, il le
console, et peu importe la nature
du travail, pourvu qu'il profite à
quelqu'un : faire ce qu'on peut, c'est
faire ce qu'on doit.

Alexandre Dumas fils

Choisissez un travail que vous
aimez et vous n'aurez pas à
travailler un seul jour de votre vie.

Confucius

Tout travail de longue haleine,
répétitif, suppose l'ambition d'être
toujours meilleur.

Bernard Pivot

Beaucoup de gens ont du talent,
mais seul le travail permet de faire
carrière.

Alice Parizeau

Construire peut être le fruit d'un
travail long et acharné. Détruire
peut être l'œuvre d'une seule
journée.

Winston Churchill

Jours de travail! seuls jours où j'ai
vécu!

Alfred de Musset

La vie humble aux travaux
ennuyeux et faciles est une œuvre
de choix qui veut beaucoup
d'amour.

Paul Verlaine

Le capital est seulement le fruit du
travail et il n'aurait jamais pu
exister si le travail n'avait tout
d'abord existé.

Abraham Lincoln

Le travail réclame l'élite des
humains.

                              Sénèque

Le travail est la meilleure des
régularités et la pire des
intermittences.

Victor Hugo

Le travail, c'est ce qu'on ne peut
pas s'arrêter de faire quand on a
envie de s'arrêter de le faire.

Boris Vian

Le travail est l'aliment des âmes
nobles.

Sénèque

Pour l'esprit, être en travail, c'est
être en extase.

Victor Hugo

Dans la vie, il y a trois facteurs : le talent, la chance, le travail. Avec deux de ces facteurs, on peut réussir. Mais l'idéal est de disposer des trois.

Bernard Werber

Les plus grands produits de l'architecture sont moins des œuvres individuelles que des œuvres sociales ; plutôt l'enfantement des peuples en travail que le jet des hommes de génie.

Victor Hugo

Sur le destin et la fatalité

Nous aurons le destin que nous
aurons mérité.

Albert Einstein

Je suis le maître de mon destin, je
suis le capitaine de mon âme.

Nelson Mandela

Le destin n'est pas une question de
chance. C'est une question de choix :
il n'est pas quelque chose qu'on doit
attendre, mais qu'on doit accomplir.

William Bryan

Le destin est ce qui nous arrive au
moment où on ne s'y attend pas.

Tahar Ben Jelloun

Le destin pose deux doigts sur les
yeux de l'homme, deux dans ses
oreilles, et le cinquième sur ses
lèvres en lui disant : 'Tais-toi.'

Anonyme

Le destin est plein de trous, et la
mort doit se trouver dans l'un de
ces trous.

Tahar Ben Jelloun

C'est le destin qui distribue les
cartes, mais c'est nous qui les
jouons.

Randy Pausch

Le destin, c'est le caractère.

Novalis

Le destin n'est pas une chaîne mais
un envol.

Alessandro Baricco

Le destin est ce qui conduit le
monde à travers le temps.

Henri Bergson

Si tu laisses quelqu'un prendre en
main ton destin, c'est la fin.

Jean-Louis Aubert

La fatalité veut que l'on prenne
toujours les bonnes résolutions
trop tard.

Oscar Wilde

Le destin n'aime pas qu'on
embrouille son fil.

Jean Cocteau

Il n'y a point de hasard.

Voltaire

A quoi que ce soit que l'homme
s'applique, la nature l'y destinait.

Denis Diderot

Si on le brave, le destin abandonne
la plus haute étoile.

George Gordon Byron

Si la prière ne change pas notre
destin, elle change nos sentiments,
utilité qui n'est pas moindre.

Joseph Joubert

Les hommes ont inventé le destin
afin de lui attribuer les désordres
de l'univers, qu'ils ont pour devoir
de gouverner.

Romain Rolland

Le fort fait ses événements, le
faible subit ceux que la destinée lui
impose.

Alfred de Vigny

Ce qu'on ne veut pas savoir de
soi-même finit par arriver de
l'extérieur comme un destin.

Carl Gustav Jung

Si le monde était vraiment
gouverné par le hasard, il n'y
aurait pas autant d'injustices. Car
le hasard est juste.

Ferdinando Galiani

Le destin c'est simplement la forme
accélérée du temps.

Jean Giraudoux

Il n'y a pas de fatalité extérieure.
Mais il y a une fatalité intérieure :
vient une minute où l'on se
découvre vulnérable ; alors les
fautes vous attirent comme un
vertige.

Antoine de Saint-Exupéry

La fatalité triomphe dès que l'on
croit en elle.

Simone de Beauvoir

La fatalité, c'est l'excuse des âmes
sans volonté.

Romain Rolland

Évoluer, c'est céder à la fatalité.

Thomas Mann

Enlève le mot fatalité de ton
dictionnaire, et tu verras que
changera le monde.

Franck Dunand

Sur la vie et la mort

La vie est magnifique aussi
longtemps qu'elle vous consume.

D.H. Lawrence

Nous forgeons les chaînes que nous
portons dans la vie.

Charles Dickens

Être ce que nous sommes et
devenir ce que nous sommes
capables de devenir, tel est le but
de la vie.

Robert Louis Stevenson

La vie me semble trop courte pour
la passer à entretenir des
ressentiments ou ressasser des
griefs.

Charlotte Brontë

Sans musique, la vie serait un vide
pour moi.

Jane Austen

Il y a deux tragédies dans la vie :
l'une est de ne pas satisfaire son
désir et l'autre est de le satisfaire.

Robert Louis Stevenson

Pourquoi vivons-nous, si ce n'est
pour nous rendre la vie moins
difficile?

George Eliot

Le grand art de la vie est la
sensation de sentir que nous
existons, même dans la douleur.

Lord Byron

J'ai eu beaucoup de soucis dans ma
vie, la plupart d'entre eux ne sont
jamais arrivés.

Mark Twain

La douleur de la vie primitive sur
la terre est la seule base, la seule
garantie du bonheur dans la vie
ultérieure, dans le ciel.

Edgar Allan Poe

Il est temps de vivre la vie que tu
t'es imaginée.

Henry James

La meilleure façon de vivre est de
prendre les choses tranquillement.

Herman Melville

La vie est courte. Transgressez les
règles, pardonnez rapidement,
embrassez lentement, aimez
véritablement, riez sans contrôle
et ne regrettez jamais quelque
chose qui vous a fait sourire.

Mark Twain

Mieux vaut mourir incompris que
passer sa vie à expliquer.

William Shakespeare

Ce qui me rend heureux, c'est de voir que les hommes refusent absolument de penser la pensée de la mort.

Friedrich Nietzsche

La mort est douce : elle nous
délivre de la pensée de la mort.

Franck Dunand

La mort d'une mère est le premier
chagrin qu'on pleure sans elle.

John Petit-Senn

La mort n'est rien, mais vivre
vaincu et sans gloire, c'est mourir
chaque jour.

Napoléon Bonaparte

Si tu veux pouvoir supporter la vie,
sois prêt à accepter la mort.

Sigmund Freud

J'ai eu beaucoup de soucis dans ma
vie, la plupart d'entre eux ne sont
jamais arrivés.

Mark Twain

Un homme libre ne pense à aucune
chose moins qu'à la mort, et sa
sagesse est une méditation non de
la mort mais de la vie.

Baruch Spinoza

Les morts sont des invisibles, mais
non des absents.

Victor Hugo

Il n'y a qu'un problème
philosophique vraiment sérieux :
c'est le suicide. Juger que la vie
vaut ou ne vaut pas la peine d'être
vécue, c'est répondre à la question
fondamentale de la philosophie.

Albert Camus

La mort n'est pas un mal,
l'approche de la mort en est un.

Quintus Ennius

La seule règle qui soit originale
aujourd'hui : apprendre à vivre et à
mourir, et pour être homme,
refuser d'être Dieu.

Albert Camus

Être ou ne pas être, telle est la
question.

William Shakespeare